PAULO COELHO

PALABRAS ESENCIALES

II

Ilustraciones: Silvana Benaghi

Edición: Lidia María Riba • Colaboración editorial: Cristina Alemany
Dirección de arte: Paula Fernández
Diseño de interior: María Inés Linares • Diseño de cubierta: María Natalia Martínez

Argentina: Demaría 4412 (C1425AEB), Buenos Aires
Tel./Fax: (54-11) 4778-9444 y rotativas • e-mail: editoras@libroregalo.com

México: Av. Tamaulipas 145, Colonia Hipódromo Condesa,
Delegación Cuauhtémoc, México D. F. (C.P. 06170)
Tel./Fax: (5255) 5220-6620/6621 • 01800-543-4995 • e-mail: editoras@vergarariba.com.mx

ISBN 978-987-612-146-0

Impreso en México por Quebecor World
Printed in Mexico

Coelho, Paulo
Palabras esenciales II / Paulo Coelho; ilustrado por Silvana Benaghi.
1ª ed. - Ciudad Autónoma de Buenos Aires: V&R, 2008.
96 p.: il.; 18 x 18 cm.

ISBN 978-987-612-146-0
1. Libro de Frases. I. Benaghi, Silvana, ilus. II. Título
CDD 808

PAULO COELHO

PALABRAS ESENCIALES

II

V&R
EDITORAS

I

La Leyenda Personal

Todo ser humano tiene
una Leyenda Personal a ser cumplida
y ésta es su razón de estar en este mundo.

Estatutos para un nuevo tiempo

Siguiendo el camino de tu Leyenda
ayudas al Alma del Mundo y comprendes por qué estás aquí.

Libertad no es la ausencia de compromiso,
sino la capacidad de escoger —y comprometerte—
con lo que es mejor para ti.

El Zahir

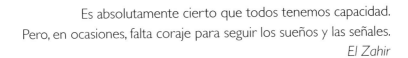

Es absolutamente cierto que todos tenemos capacidad.
Pero, en ocasiones, falta coraje para seguir los sueños y las señales.
El Zahir

Vamos por el mundo en busca de nuestros sueños e ideales,
aun sabiendo que muchas veces colocamos en lugares inaccesibles
todo aquello que tenemos al alcance de la mano.
Cuando nos damos cuenta de nuestro error, pensamos
que hemos perdido mucho tiempo buscando lejos lo que estaba cerca
y nos dejamos invadir por el sentimiento de culpa a causa de los pasos
equivocados, la búsqueda inútil y las tristezas que hemos causado.
Sin embargo, no es exactamente así: aunque el tesoro esté enterrado
en tu propia casa, sólo lo descubrirás cuando te alejes de él.
No sirve de nada pretender acortar este camino.

La libertad tiene un precio alto, tan alto como el precio
de la esclavitud; la diferencia es que pagas ese precio con placer
y con una sonrisa, aunque se trate de una sonrisa manchada con lágrimas.

El Zahir

*El camino de la Leyenda Personal es tan difícil como cualquier otro camino,
con la diferencia de que en éste está tu corazón.*

Cada ser humano vive su propio deseo y esto forma parte
de su tesoro. Aunque esta emoción pueda apartar a alguien,
por lo general acerca a quien es importante.

Once minutos

La gloria del mundo es pasajera, y no debemos medir nuestra vida
por ella sino por nuestra decisión de cumplir nuestra Leyenda Personal,
de creer en nuestras utopías y de luchar por nuestros sueños.

Discurso de aceptación ante la Academia Brasileña de Letras

Comparto con mis lectores
el sentido de la aventura,
de la búsqueda, de no detenerse,
de vivir una Leyenda Personal.

El compromiso profundo con un sueño
no te encierra ni te limita: te libera.

Maktub

Sin dejarnos desanimar, debemos preguntarnos de qué somos capaces
y, con serenidad, ir en busca de nuestro inmenso potencial.

El encuentro de una mujer consigo misma
es un juego con riesgos serios. Una danza divina.
Once minutos

Sabemos que cuando alguien quiere algo, todo el Universo
conspira a su favor. Por eso es importante ser muy cuidadosos
con los pensamientos. Escondidos bajo algunas capas
de buenas intenciones, se encuentran los deseos
que nadie se atreve a reconocer: la venganza,
la autodestrucción, la culpa, el miedo a la victoria…
El Universo no juzga: conspira a favor de lo que deseamos.
Un guerrero de la luz es señor de sus pensamientos.
Manual del Guerrero de la Luz

Vales mucho más de lo que piensas. Aunque no lo creas, tu trabajo y tu presencia en esta Tierra son importantes. No te dejes intimidar por nadie, sigue viviendo sin miedo y, finalmente, vencerás.

Soy un vaso en el que la Energía Divina puede manifestarse.

La bruja de Portobello

Todo hombre puede transformar en sagrada la tarea que la vida le ha encomendado. Me gusta imaginar que la mesa en la que Cristo consagró el pan y el vino había sido hecha por José, porque así estaría allí la mano de un carpintero anónimo, que se ganaba la vida con el sudor de su frente y, justamente por eso, permitía que los milagros se manifestasen.

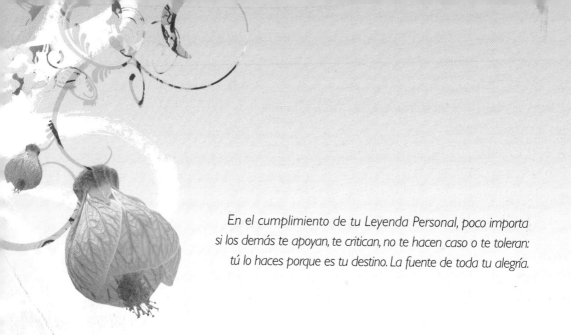

En el cumplimiento de tu Leyenda Personal, poco importa
si los demás te apoyan, te critican, no te hacen caso o te toleran:
tú lo haces porque es tu destino. La fuente de toda tu alegría.

Hay cosas que han sido colocadas en nuestras vidas para reconducirnos
al verdadero camino de nuestra Leyenda Personal.
Otras surgen para que podamos aplicar todo aquello que aprendimos.
Algunas, finalmente, llegan para enseñarnos.

La quinta montaña

No es posible transferir en modo alguno las responsabilidades de nuestras decisiones. Somos nosotros los que construimos, mediante cada uno de nuestros actos, el camino hasta el Paraíso.

Como el río que fluye

Sé que el mundo está hablando conmigo, que tengo que escucharlo y que, si lo hago, seré guiado hacia lo más intenso, lo más apasionado y lo más bello.

2

El Instante Mágico

El instante mágico de cada día
nos ayuda a cambiar, nos impulsa
a la búsqueda de nuestros sueños.

A orillas del río Piedra me senté y lloré

¿Qué es un milagro? Aquello que nos llena el corazón de paz.
A veces se manifiesta en forma de una curación, un deseo atendido,
cualquier cosa: el resultado es que, cuando sucede el milagro,
sentimos una profunda veneración por la gracia que Dios nos ha concedido.

Los milagros existen, todo es posible.
El hombre está volviendo a aprender
aquello que ha olvidado: sus poderes interiores.

El Zahir

Creo que soy guiado por los encuentros. Creo en el milagro
de los encuentros. Existe un rompecabezas de Dios,
que está más allá de nuestra comprensión.

Considera cada día un milagro. Esto es verdad, teniendo en cuenta
todas las posibilidades de que ocurran cosas inesperadas
en cada segundo de nuestra frágil existencia.

Verónika decide morir

21

Existe un momento en el que toda la fuerza de las estrellas
pasa a través de nosotros y nos permite hacer milagros.
A orillas del río Piedra me senté y lloré

Conozco muchas personas que ya han dejado de vivir,
aunque sigan trabajando y realizando sus actividades sociales de siempre.
Lo hacen todo de manera automática, sin detenerse a pensar
en el milagro de la vida, sin comprender el momento mágico
que cada día trae consigo.

La chispa divina es
lo que algunas personas llaman suerte.
El Peregrino

*Los milagros no tienen
ninguna explicación,
pero suceden para quien cree en ellos.*
Brida

Todos nosotros tenemos una parte desconocida
que, cuando sale a la luz, puede hacer milagros.
La bruja de Portobello

Cada mañana trae una bendición escondida;
una bendición que sólo sirve para este día
y que no puede guardarse o desaprovecharse.
Si no usamos este milagro hoy, se perderá.

Despierta la intuición,
tu lado secreto.
Poco a poco te permitirá
construir una nueva relación
con el universo.

El Peregrino

Todos tenemos experiencias extraordinarias,
pero enseguida intentamos convencernos a nosotros mismos
de que son producto de nuestra imaginación.

Brida

Haz un esfuerzo por llenar de nuevo tu vida
con un poco de fantasía. Olvida lo que aprendiste
de las estrellas, y volverán a transformarse en ángeles,
o en niños, o en cualquier cosa
que quieras creer en ese momento.

La bruja de Portobello

Las oportunidades están hechas para aprovecharlas.

Once minutos

Sólo entendemos el milagro de la vida
cuando dejamos que suceda lo inesperado.
A orillas del río Piedra me senté y lloré

Es preciso recordar la importancia de esos placeres
que podrían considerarse frívolos, pero que fueron creados
para ayudarnos en nuestra búsqueda, para darnos
momentos de reposo mientras libramos nuestras batallas diarias.
Maktub

*Todos poseemos la misma capacidad de entendimiento
pero necesitamos creer en las revelaciones que nos trae la vida cotidiana.*

La magia es un puente. Un puente que te permite
ir del mundo visible hacia el invisible.
Y aprender las lecciones de ambos mundos.

Brida

Es importante cuando todos juntos nos conectamos con el misterio.
Porque nos sentimos más unidos, más abiertos a la vida,
y advertimos que no estamos solos ni vivimos aislados.

Quien presta atención a su día,
descubre el instante mágico.

3

El Camino

Haz de tu camino un espejo de ti mismo: no te dejes influenciar en absoluto por la manera como los demás cuidan del suyo. Tú tienes un alma que escuchar, y los pájaros transmitirán lo que tu alma quiere decir.

Que las historias que cuente tu alma durante la jornada sean bellas, que agraden a todo lo que tienes en torno de ti y se reflejen en cada segundo del recorrido. Ama tu camino porque, sin este principio, nada tiene sentido.

*Olvida esa idea de que el camino
es una manera de llegar a un destino:
en realidad, siempre estamos
llegando, a cada paso...*

La bruja de Portobello

Siempre hay que saber cuándo una etapa llega a su fin.
Completar ciclos, cerrar puertas, terminar capítulos: lo fundamental
es dejar en el pasado los momentos de la vida que ya se han acabado.

El Zahir

Un guerrero de la luz reconoce el camino desde el momento en que comienza a recorrerlo. Cada piedra, cada curva le dan la bienvenida. Él se identifica con las montañas y riachuelos, ve un poco de su alma en las plantas, en los animales y en las aves del campo. Aceptando la ayuda y las señales de Dios, deja que su Leyenda Personal lo guíe en dirección a las tareas que la vida le reserva.

Algunas noches no tiene dónde dormir, otras sufre de insomnio. Descubre el sufrimiento de las ilusiones perdidas y la angustia de esperar largo tiempo acontecimientos importantes.

"Fui yo quien decidió seguir por aquí", piensa el guerrero. En esta frase está todo su poder. Él escogió el camino que transita y sabe que no tiene sentido quejarse.

Manual del Guerrero de la Luz

*Es preciso rehacer siempre el camino,
dejar el equipaje innecesario,
quedarse sólo con lo imprescindible
para vivir cada día.*

El Zahir

Cuando hagas una elección, olvida las otras alternativas.
Quien sigue un camino y se queda pensando en lo que perdió
al dejar los otros, no llegará a ninguna parte.

Necesitamos tener alas. Ellas nos muestran los horizontes sin fin de la imaginación, nos llevan hasta nuestros sueños, nos conducen a lugares distantes. Las alas nos permiten conocer las raíces de nuestros semejantes y aprender de ellos.

El vencedor está solo

El placer de la búsqueda y de la aventura alimenta los sueños.
Por eso hay que continuar buscando.

El Peregrino

En ciertos momentos, seguimos nuestro impulso, nuestra intuición
y no existe ningún motivo para actuar como actuamos. Entonces,
comenzamos a comprender ese lenguaje silencioso que Dios usa
para mostrarnos el camino acertado. Puede ser llamado intuición, señal,
instinto, coincidencia… No importa el nombre. Lo importante es que,
a través de esa atención consciente, nos damos cuenta de que somos,
muchas veces, guiados hacia la decisión adecuada. Y esto nos hace
más confiados y más fuertes.

Los guerreros de la luz mantienen el brillo en los ojos.

Están en el mundo, y comenzaron su jornada sin alforja y sin sandalias.

No siempre tienen la certeza de hacia dónde van y, muchas veces,

pasan noches en vela, pensando que sus vidas no tienen sentido.

Por eso son guerreros de la luz. Porque se preguntan.

Porque buscan una razón y, seguramente, terminarán encontrándola.

Manual del Guerrero de la Luz

Únete a quienes son flexibles y entienden las señales del camino.
Son personas que modifican su dirección cuando encuentran
una barrera infranqueable o cuando perciben una alternativa más apropiada.

*Debes ser como el río que fluye
que, silencioso, se entrega
a una energía mayor.*

La bruja de Portobello

De la misma manera en que la primavera sigue al invierno,
nada puede detenerse. Después de alcanzar el objetivo es necesario
recomenzar, usando siempre todo lo aprendido en el trayecto.

No hay fórmulas para comprender la verdad del camino:
cada uno debe correr los riesgos de sus propios pasos.

El camino es más importante que aquello que te llevó a caminar.

La bruja de Portobello

Si prestaste oídos a tu corazón antes de ponerte en movimiento,
escogiste sin duda el buen camino.

Si estás recorriendo el camino de tus sueños, debes comprometerte con él.
No dejes abierta la puerta de salida con la disculpa de que
"esto no es exactamente lo que yo quería". Esta frase –tan utilizada–
guarda la semilla de la derrota. Si aceptas tus posibilidades
en el presente, con toda seguridad mejorarás en el futuro.

Si permaneces esperando el momento ideal,
nunca saldrás de donde estás; es preciso
un poco de locura para dar el próximo paso.
Manual del Guerrero de la Luz

Es necesario dar los pasos más importantes de la vida con serenidad y elegancia. Nuestro cuerpo habla un lenguaje y los demás —aun inconscientemente— entienden lo que decimos más allá de las palabras. La elegancia física procede del cuerpo; no es algo superficial, sino el medio que ha encontrado el hombre para honrar la manera como pone los pies sobre la tierra. Las personas alcanzan la elegancia cuando descartan todo lo superfluo y descubren la sencillez y la concentración. Camina con firmeza y alegría, sin miedo a tropezar.

Como el río que fluye

Desde siempre, los mejores hombres y mujeres han sido peregrinos en busca de lo desconocido.

El Alquimista

Basta con prestar atención: el aprendizaje siempre llega
cuando estás preparado y, si estás atento a las señales,
aprenderás todo lo necesario para dar el siguiente paso.
El Zahir

*Las cicatrices son inevitables cuando debemos decir no a quienes,
a veces con la mejor de las intenciones, intentan estorbar el camino
que conduce a nuestros sueños.*

*Vivimos en un universo tan grande como para rodearnos
y, al mismo tiempo, tan pequeño como para caber en nuestro corazón.
En el alma del hombre está el alma del mundo, el silencio de la sabiduría.*

*Todo ser humano tiene derecho
a dos bendiciones: la bendición de acertar
y la bendición de equivocarse.
En el segundo caso, ese aprendizaje
lo conducirá al camino correcto.*

Estatutos para un nuevo tiempo

*El camino me enseñó que no existen los misterios,
que —como decía Jesucristo—
no hay nada oculto que no haya sido revelado.*

No puedes apresurarte ni impacientarte. Si actuaras de este modo,
terminarías por no percibir las señales que Dios ha puesto en tu camino.

El Alquimista

No podía imaginar que ese camino me conducía no sólo
a Santiago de Compostela, sino a muchas otras ciudades del mundo.
Ni mi guía ni yo sabíamos que, esa tarde, en la planicie de León,
también caminaba hacia otra ciudad, adonde llegaría
casi diez años después, con un libro llamado "El Alquimista".
Sin fe, ni esperanza de que mi vida se transformara, caminaba hacia mi destino,
tantas veces soñado y otras tantas veces negado. Pero continué adelante.
Caminaba en dirección a este futuro de hoy.

4

El Buen Combate

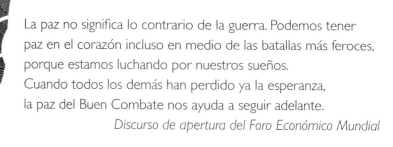

La paz no significa lo contrario de la guerra. Podemos tener
paz en el corazón incluso en medio de las batallas más feroces,
porque estamos luchando por nuestros sueños.
Cuando todos los demás han perdido ya la esperanza,
la paz del Buen Combate nos ayuda a seguir adelante.

Discurso de apertura del Foro Económico Mundial

Somos aventureros en busca de nuestro tesoro.

El Alquimista

A medida que el guerrero de la luz aprende con su maestro espiritual,
la luz de la fe brilla cada vez más en sus ojos y no necesita
probar nada a nadie. Ya no le importan los argumentos agresivos
del adversario, que dicen que Dios es superstición, que los milagros
son trucos, o que creer en ángeles es huir de la realidad.
Él conoce su inmensa fuerza y jamás lucha con quien no merece
la honra del combate.

Manual del Guerrero de la Luz

Necesitamos raíces: existe un lugar en el mundo donde nacemos,
aprendemos una lengua, descubrimos cómo nuestros antepasados
superaban sus problemas. Y en un momento dado,
somos responsables de ese lugar.

El vencedor está solo

Muchas veces vemos la búsqueda espiritual como algo muy alejado
de nuestra realidad. Esta actitud está completamente equivocada;
Dios está en todo lo que nos rodea y a menudo sólo lo servimos
cuando ayudamos al prójimo.

Es mejor perder algunos combates
en la lucha por nuestros sueños que ser derrotados
sin siquiera saber por qué estamos luchando.

A orillas del río Piedra me senté y lloré

A todo ser humano le fueron concedidas dos cualidades: el poder y el don.
El poder dirige al hombre al encuentro con su destino, el don lo obliga
a compartir con los otros lo que hay de mejor en sí mismo.
Un hombre debe saber cuándo usar el poder y cuándo usar el don.

Estatutos para un nuevo tiempo

Somos seres preocupados por actuar, hacer, decidir, prevenir.
Siempre estamos intentando planear alguna cosa, concluir otra,
descubrir una tercera. No hay nada erróneo en ello; al fin de cuentas,
así construimos y cambiamos el mundo. Pero el acto de la Adoración
forma parte de la experiencia de la vida. Detenerse de vez en cuando,
salir de uno mismo, permanecer en silencio ante el Universo.
Arrodillarse en cuerpo y alma. Sin pedir, sin pensar, incluso
sin agradecer nada. Simplemente vivir el amor silencioso que nos envuelve.
En esos momentos, pueden brotar algunas lágrimas inesperadas;
no son de alegría ni de tristeza. No te sorprendas. Es un don.
Esas lágrimas están lavando tu alma.

Maktub

Responsable no es el que carga
sobre sus hombros el peso del mundo,
sino aquel que ha aprendido a luchar
contra los desafíos del momento.

Manual del Guerrero de la Luz

Si quieres entrar en armonía con tu amor o con tu combate,
aprende a reaccionar con rapidez. No dejes que tu supuesta experiencia
te transforme en una máquina: úsala para escuchar siempre la voz del corazón.
Aunque no estés de acuerdo, respétala y sigue sus consejos: ella sabe
cuándo es el mejor momento para actuar y cuál, el mejor para evitar la acción.

Una amenaza no puede provocar nada si no es aceptada.

El Peregrino

Es necesario amar porque somos amados por Dios.
Es necesaria la conciencia de la muerte para entender bien la vida.
Es necesario luchar para crecer, sin caer en la trampa del poder
que conseguimos con eso, porque sabemos que no vale nada.
Finalmente es necesario aceptar que nuestra alma —aun siendo eterna—
está en este momento presa de la tela del tiempo,
con sus oportunidades y limitaciones.

El vencedor está solo

Todo lo que nos rodea nos ayuda a dar los pasos necesarios
en pos de nuestro objetivo. Todo tiene que ser una manifestación personal
de nuestra voluntad de vencer en el Buen Combate.

El Peregrino

Hay personas que no se disgustan, no lloran, simplemente
esperan que el tiempo pase. No aceptan los desafíos de la vida
y la vida ya no los reta. No corras ese peligro: reacciona,
enfréntate a la vida, no desistas.

La quinta montaña

*Un guerrero de la luz debe tener paciencia
en los momentos difíciles
y saber que el Universo está conspirando
a su favor, aunque no lo comprenda.*

Enfrenta tu camino con valor, no temas la crítica de los demás.
Y, sobre todo, no dejes que te paralice tu propia crítica.
Dios es el Dios de los valientes.

Maktub

Siempre es más fácil recibir una ofensa y no reaccionar
que tener el coraje de combatir con alguien más fuerte.

El demonio y la señorita Prym

Un guerrero es capaz de observar y entrenarse, pero también,
en ocasiones, ha sido capaz de ser irresponsable: se dejó arrastrar
por la situación, y no respondió ni reaccionó. Sin embargo,
ha aprendido las lecciones; ha tomado decisiones,
ha escuchado consejos, ha tenido la humildad de aceptar ayuda.

Manual del Guerrero de la Luz

Cuando amamos y creemos desde el fondo de nuestra alma en algo,
nos sentimos más fuertes que el mundo, y experimentamos una serenidad
que nace de la seguridad de que nada podrá vencer nuestra fe.

El Peregrino

*La extraordinaria lucha contra los malos hábitos
y la autocompasión, la lucha por mantenernos vivos
se libra segundo a segundo, sin descanso.
No se trata de una batalla esporádica, sino de un esfuerzo
disciplinado y constante para mantener el equilibrio
por la orilla del abismo. Sólo existe una manera de vencer
a las tentaciones: mantener la calma, enfocar la atención
y concentrarse en cada paso dado por esa orilla.*

Esa fuerza que tal vez te parece negativa,
en realidad te está enseñando el modo
de llevar a cabo tu Leyenda,
está templando tu espíritu y tu voluntad.

El Alquimista

53

5

Los Cambios

Llega un determinado momento de nuestra vida en que creemos haber alcanzado nuestro límite y ya no conseguimos crecer más. Tanto la profesión como el amor lograron su estadio ideal y, dejarlo todo como está, parece lo mejor. La verdad es que siempre podemos ir más lejos. Amar más, vivir más, arriesgar más. Jamás la inmovilidad ha sido la mejor de las soluciones. Porque todo a nuestro alrededor cambia (incluso el amor) y debemos seguir este ritmo.

Aquello que llamamos rutina se encuentra lleno de propuestas y nuevas oportunidades.

Maktub

Cuando las personas comienzan a reflexionar sobre las decisiones que necesitan tomar, generalmente terminan desistiendo de ellas; es preciso mucho coraje para dar determinados pasos.

El vencedor está solo

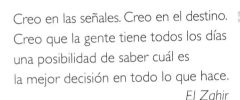

Creo en las señales. Creo en el destino.
Creo que la gente tiene todos los días
una posibilidad de saber cuál es
la mejor decisión en todo lo que hace.

El Zahir

En esto reside la fuerza del agua: jamás podrá ser quebrada
por un martillo o herida por un cuchillo. La más poderosa espada
del mundo es incapaz de dejar una cicatriz sobre su superficie.
El agua de un río se adapta al camino sin olvidar su objetivo: el mar.
Frágil en su naciente, poco a poco va incorporando la fuerza
de los otros ríos que encuentra. Y, a partir de determinado momento,
su poder es total.

Manual del Guerrero de la Luz

Cuando buscas tu destino,
muchas veces te ves obligado a cambiar de rumbo.

La quinta montaña

57

La fe no es un deseo. La fe es una voluntad y una fuerza.
Y esa voluntad cambia el espacio que está a nuestro alrededor.

La bruja de Portobello

*El cambio, el cambio verdadero,
siempre tarda mucho en suceder.*

Cuando no tuve nada que perder, lo recibí todo. Cuando dejé de ser
quien era, me encontré a mí mismo. Cuando conocí la humillación
y, aun así seguí caminando, comprendí que era libre para elegir mi destino.

El Zahir

Las transformaciones ocurren, justamente,
durante los momentos de crisis.

El vencedor está solo

Si tienes un pasado que no te satisface, olvídalo ya.
Concéntrate sólo en los momentos en los que lograste lo que deseabas,
y esa fuerza te ayudará a conseguir lo que quieres.

La quinta montaña

En los momentos en que necesitamos tomar una decisión muy importante,
es mejor confiar en el impulso, en la pasión y no en la razón,
que siempre intenta apartarnos de nuestro sueño,
justificándose en que aún no ha llegado la hora adecuada.
La razón tiene miedo de la derrota.
Pero a la intuición le gustan la vida y sus desafíos.

Discurso de aceptación ante la Academia Brasileña de Letras

Es importante descubrir lo que estamos acostumbrados
a mirar todos los días. Los secretos que,
debido a la rutina, no conseguimos ver.
El Peregrino

*Soy optimista. Creo que cuando nos ocurre una desilusión total,
es el momento de cambiar. Llegas al extremo, te levantas
y vuelves con una fuerza renovada.*

Quien no duda de sí mismo es indigno
porque confía ciegamente en su capacidad y peca por orgullo.
Bendito sea aquel que pasa por momentos de indecisión.
La quinta montaña

La palabra esperanza muchas veces nos acompaña por la mañana, es herida a lo largo del día y muere al anochecer, sólo para resucitar con la aurora.

No existen las oportunidades únicas; la vida siempre da otra chance.

El vencedor está solo

Cuando desees algo, mantén tus ojos bien abiertos, concéntrate y ten muy en claro tus metas.
Nadie acierta a su objetivo con los ojos cerrados.

El demonio y la señorita Prym

Sólo nos damos cuenta de que un plan está equivocado
cuando vamos hasta sus últimas consecuencias.
O cuando Dios misericordioso nos guía en otra dirección.

El vencedor está solo

Muchas veces la experiencia nos hace recurrir a soluciones viejas para problemas nuevos. Nos quedamos, así, dando vueltas sin entender que la vida es movimiento y que siempre enfrentamos nuevos desafíos.

Tu verdadero yo es aquello que realmente eres, no lo que hicieron de ti.

Verónika decide morir

Los guerreros de la luz tienen conciencia de que sus acciones afectarán
a cinco generaciones futuras, y serán sus hijos y nietos quienes recibirán
las consecuencias, para bien o para mal.

Discurso de apertura del Foro Económico Mundial

No es difícil reconstruir una vida. Sólo necesitamos ser conscientes
de que contamos con la misma fuerza que antes y usarla a nuestro favor.

La quinta montaña

Al comienzo de la juventud todo es claro,
todo es posible y no tememos soñar y desear
todo aquello que nos gustaría hacer en nuestra vida.

El Alquimista

Tienes brillo, la luz que proviene de la fuerza de voluntad
de quien sacrifica cosas importantes en nombre de otras que juzga
más importantes todavía. Esa luz se manifiesta en los ojos.

Once minutos

Me fascinaba el misterio de la vida y quería comprenderlo mejor.
Busqué respuestas y conocí a maestros de la magia y la meditación.
Y descubrí lo que necesitaba aprender:
la Verdad está siempre donde existe la Fe.

A orillas del río Piedra me senté y lloré

Enseñándome a mí mismo, me transformaba en un maestro.

El Peregrino

¿Serías capaz de detenerte un poco, al menos durante quince minutos
cada día, mirar el mundo, mirarte a ti mismo y simplemente no hacer nada?
Todo el mundo tiene tiempo para eso, lo que falta es valor.
Trabajar es una bendición cuando nos ayuda a pensar
en lo que estamos haciendo, pero se vuelve una maldición
cuando su única utilidad es evitar que pensemos
en el sentido de nuestra vida.

*Imagina una nueva historia
para tu vida y cree en ella.*
La quinta montaña

6

La Alegría

Únete a los que cantan, a los que cuentan historias, a los que disfrutan de la vida y tienen alegría en los ojos. Porque la alegría es contagiosa e impide que las personas se dejen paralizar por la depresión, por la soledad y por las dificultades.

Cuando el alma camina de acuerdo con sus sueños, da alegría a Dios.
Maktub

Habla de las cosas buenas de tu vida con todos aquellos que quieran escucharte. El Alma del Mundo está muy necesitada de tu alegría.

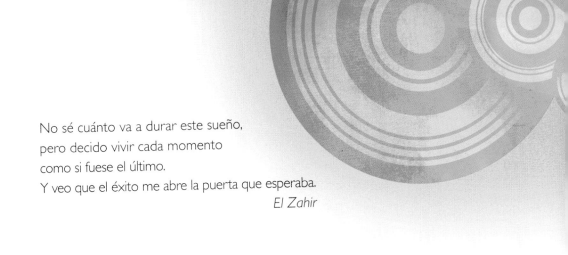

No sé cuánto va a durar este sueño,
pero decido vivir cada momento
como si fuese el último.
Y veo que el éxito me abre la puerta que esperaba.

El Zahir

Soy lo que es cualquiera de nosotros, si escucha su corazón.
Soy una persona que se deslumbra ante el misterio de la vida,
que está abierta a los milagros, que siente alegría y entusiasmo
por lo que hace.

A orillas del río Piedra me senté y lloré

Si todos pudiesen conocer su locura interior
y convivir con ella, las personas serían más justas y felices.

Verónika decide morir

Nuestro tiempo en esta tierra es sagrado
y debemos celebrar cada momento de él.

La bruja de Portobello

Por increíble que parezca, algunas personas tienen miedo de la felicidad.
Muchas veces nos juzgamos indignos de las cosas buenas
que nos suceden. No aceptamos los milagros,
porque nos harían sentir que debemos algo a Dios.
Tenemos miedo de acostumbrarnos a la felicidad.
Por miedo a empequeñecernos, dejamos de crecer
y, por miedo a llorar, dejamos de reír.

Dios fue generoso conmigo porque me dio memoria. Él sabía que,
en el invierno, yo siempre podría recordar la primavera y sonreír.

Maktub

Todo ser humano tiene derecho a buscar la alegría
y se entiende por alegría aquello que lo hace feliz;
no necesariamente lo que deja felices a los otros.

Estatutos para un nuevo tiempo

*Nunca dejo para mañana lo que puedo vivir hoy.
Y en eso incluyo las alegrías, las obligaciones de mi trabajo,
expresiones de perdón cuando siento que he herido a alguien
y la contemplación del momento presente
como si fuera el último.*

El Entusiasmo es una forma de rezar,
nos vincula con el Cielo y la Tierra, con los hombres
y los niños y nos dice que el Deseo es importante y merece
nuestro esfuerzo. Nos dice que todo es posible, siempre
que estemos totalmente comprometidos con lo que hacemos.

Acepta las bendiciones, trabaja y crea tus pequeñas obras de arte hoy.
Mañana recibirás más.

Maktub

Un hombre que, aun habiendo perdido grandes batallas,
sobrevivió y todavía está aquí, ya ha experimentado una victoria.
Esa victoria le costó momentos difíciles, noches de dudas,
interminables días de espera. Desde los tiempos más remotos,
celebrar un triunfo así forma parte del propio ritual de la vida.
La celebración es un rito de pasaje.

Manual del Guerrero de la Luz

Señor: haz que entienda que todo
lo que me sucede de bueno en la vida
me ha sido dado porque lo merezco.

Brida

Solemos preguntarnos: ¿Dónde se encuentra la alegría de vivir?
¿Realmente merece la pena todo este esfuerzo si, a pesar de todo,
no he llegado adonde quería? Un guerrero de la luz comprende
que el despertar es un proceso largo, y que es necesario equilibrar
contemplación y trabajo para llegar adonde se desea. Reflexionando
sobre lo que no logró, no conseguirá cambiar; todo lo contrario:
en esas preguntas se encuentra el origen de la inacción y el desánimo.
Es muy posible que hayamos hecho todo correctamente
y que los resultados no sean visibles, pero estoy seguro de algo:
sí existen resultados. Si no desistimos ahora, éstos se revelarán
mientras vayamos caminando.

No te culpes si de vez en cuando pierdes el tiempo en tonterías.
Son los pequeños placeres los que nos dan los grandes estímulos.

Maktub

Existe una enfermedad semejante a la del sueño que ataca al alma;
es muy peligrosa y se instala sin ser percibida. Cuando notes
la más pequeña señal de indiferencia y de falta de entusiasmo
con relación a los otros, permanece alerta. La única manera
de prevenir esta dolencia es entender que el alma sufre,
y sufre mucho, cuando la obligamos a vivir superficialmente.
El alma goza de las cosas bellas y profundas.

El vencedor está solo

Sé creativo. Purifica tu alma a través de rituales que tú mismo inventes:
crear un espacio sagrado, hacer ofrendas, aprender a reír junto al otro
para romper las barreras de la inhibición.

No existen los elegidos. Todos lo son si deciden hacer cualquier cosa que despierte el entusiasmo en su corazón. En el trabajo con entusiasmo está la puerta del paraíso, el amor que transforma, la elección que nos lleva hasta Dios.

El secreto de la felicidad está en mirar todas las maravillas del mundo sin olvidarte nunca de las cosas sencillas que tienes en las manos.

El Alquimista

7

Palabras Esenciales

Escribir nos acerca a Dios y al prójimo.
Si quieres entender mejor tu papel en el mundo, escribe.
Trata de poner tu alma por escrito, aunque nadie lo lea
o, lo que es peor, aunque alguien termine leyendo lo que querías mantener
en secreto. El simple hecho de escribir nos ayuda
a organizar el pensamiento y a ver con claridad lo que nos rodea.
Un papel y un lápiz operan milagros: curan dolores, consolidan sueños,
llevan a recuperar la esperanza perdida. La palabra tiene poder.
La palabra escrita tiene más poder todavía.

La palabra es el pensamiento transformado en vibración.

Brida

A través del arte de la escritura, entrarás en contacto con tu universo
desconocido, y te sentirás mucho más capaz de lo que creías.
Todas las personas de este planeta tienen, por lo menos, una buena historia
que contar a sus semejantes y esto puede provocar una cierta tensión
en ellas. Una vez que las letras, las palabras y las frases
estén dibujadas en el papel, esa tensión ya no tiene razón de ser.
Por consiguiente, la mano que las escribió reposa, y el corazón
del que se atrevió a compartir sus sentimientos sonríe.
Escribir es un acto de valentía. Arriesgarse merece la pena.

*Busca en ti mismo tu fuente de inspiración. Cada palabra deja
en tu corazón un recuerdo y la suma de ellos conforma las frases,
los párrafos, los libros. Las palabras son flexibles como la punta
de tu pluma y comprenden las señales del camino: no vacilan
en cambiar de rumbo cuando vislumbran una oportunidad mejor.
Las palabras tienen la naturaleza del agua: rodean las rocas,
se adaptan al lecho del río, a veces se transforman en un lago
hasta que la depresión se llena, y pueden así proseguir su camino.
Porque la palabra, cuando ha sido escrita con sentimiento y alma,
no olvida que su destino es el océano de un texto y que,
más tarde o más temprano, llegará hasta él.*

Las palabras más importantes en todas las lenguas son pequeñas:
"sí", "amor", "Dios". Son palabras que salen con facilidad y ocupan
espacios vacíos en nuestro mundo. Sin embargo, existe una palabra,
también muy pequeña, que tenemos una inmensa dificultad
para pronunciar: "no". El "no" tiene fama de maldito, egoísta,
poco espiritual, porque, cuando decimos "sí",
nos sentimos generosos, comprensivos, educados.

El vencedor está solo

Dialoga contigo mismo. Hazlo, aunque puedan creer
que te has vuelto loco. A medida que hablamos, una fuerza interior
nos da la seguridad necesaria para superar obstáculos. De esa manera,
aprendemos las lecciones de las derrotas que, inevitablemente,
sufrimos y nos preparamos para las numerosas victorias
que formarán parte de nuestra vida.

Cuando el alma llegue delante del juicio final, Dios sólo preguntará: "¿Has amado mientras estabas vivo?". Porque la esencia de la vida es ésa: la capacidad de amar y no el nombre que llevamos en nuestros pasaportes, tarjetas de visita, documentos de identidad.

El vencedor está solo

Mucho tuvo que llover antes de que pudiera comprender que el amor es un acto de fe en otra persona y su rostro debe seguir envuelto en misterio. Debe ser vivido y disfrutado en cada momento, pero en cuanto intentamos entenderlo, desaparece la magia.

Somos todos parte de la centella divina. Tenemos todos un propósito en la creación, llamado Amor. Pero eso no debe ser concentrado sólo en una persona; el amor se encuentra diseminado por el mundo, esperando ser descubierto. Debemos despertar para ese amor. Lo que ya pasó no debe volver. Y lo que llegará debe ser reconocido.

El vencedor está solo

El amor nace de las naturalezas diferentes.
En la contradicción, gana fuerza. En la confrontación
y en la transformación, se preserva.

El Zahir

**El amor crea puentes en lugares
que parecen imposibles.**

El amor sólo es capaz de vivir en libertad.
El vencedor está solo

El verdadero amor se modifica con el tiempo, crece
y descubre nuevas maneras de expresarse.
Verónika decide morir

El amor supone un acto de entrega total.
Tarde o temprano, tenemos que vencer nuestros miedos, porque
el camino espiritual se hace experimentando, diariamente, el amor.

A orillas del río Piedra me senté y lloré

Los encuentros más importantes ya han sido planeados
por las almas antes de que los cuerpos se hayan visto.

Once minutos

*No sirve de nada pedir explicaciones sobre Dios; se pueden escuchar
palabras bonitas, pero, en el fondo, son frases vacías. De la misma manera,
se puede tener toda una enciclopedia sobre el amor y no saber amar.
Nadie conseguirá jamás probar que Dios existe, o que no existe.
Ciertas cosas en la vida fueron hechas para ser experimentadas,
no explicadas. El amor es una de estas cosas. Y Dios, que es amor, es otra.*

Existe una fuerza absoluta, total, que ayuda a superar
todas las dificultades: el amor. Por él se puede hacer todo,
menos matar. Con él, se es capaz de todo: inclusive de vencer.

El vencedor está solo

La Historia cambiará cuando podamos usar la energía del amor
así como usamos la energía del viento, de los mares o del átomo.

El Zahir

*El amor es. Sin definiciones.
Ama y no preguntes demasiado. Sólo ama.*

La bruja de Portobello

*Por más famoso que uno sea, siempre podrá tener la sensación
de encontrarse solo. Y por muy desconocido que alguien sea,
siempre estará rodeado de amigos, aunque nunca haya visto sus rostros.
Jamás me faltó una mano extendida cuando la necesité.*

Si vives, Dios vivirá contigo. Si rehúsas correr sus riesgos,
él retornará al distante Cielo y será apenas
un tema de especulación filosófica.

Verónika decide morir

Tenemos que permitir que, de vez en cuando, Dios nos cargue en su regazo.

*Las decisiones de Dios son misteriosas,
pero siempre están a nuestro favor.*

Maktub

Aunque llegues a ser un Maestro, debes saber que tu camino
es sólo uno de los muchos que llevan hasta Dios.
El Peregrino

Deja de pensar en la vida y resuélvete a vivirla.
La quinta montaña

Hoy no tengo absolutamente nada en qué centrar mi atención.
Entablo conmigo mismo una larga y difícil lucha para no hacer nada,
pero a pesar de eso, estoy decidido a quedarme aquí. Poco a poco,
la ansiedad va cediendo lugar a la contemplación y empiezo a escuchar
a mi alma. Estaba loca por conversar conmigo, pero yo vivo ocupado.
No estoy haciendo nada y estoy haciendo lo más importante de la vida
de un hombre: estoy escuchando lo que necesitaba oír de mí mismo.
Como el río que fluye

Las personas sólo dan valor a algo cuando existe la posibilidad
de dudar si conseguirán o no eso que desean.

El vencedor está solo

Estas son las últimas horas en las que el libro que he escrito,
el río de mi aldea, me pertenece sólo a mí. Intentaré quedarme a su lado,
sin pensar en nada, contemplando Lisboa, escuchando las campanas,
los perros, los vendedores pregonando mercancías, la risa de los niños,
las conversaciones de los turistas. Parezco un niño, y no me avergüenzo
de estar tan nervioso. Le pido a Dios que me conserve así.

Escrito en septiembre de 2006,
días antes de la publicación de La Bruja de Portobello

Quien no equilibra el trabajo con el descanso
pierde el entusiasmo y no llega muy lejos.

Maktub

Si crees en la victoria, la victoria creerá en ti.
Arriesga todo en nombre de la oportunidad
y apártate de todo lo que te ofrezca un mundo de confort.
El talento es un don universal. Pero es necesario mucho coraje
para usarlo; no tengas miedo de ser el mejor.

El vencedor está solo

Es preciso estar atento, dejar que la energía fluya libremente. Si conservas lo que es viejo, lo nuevo no tiene espacio para manifestarse.

Maktub

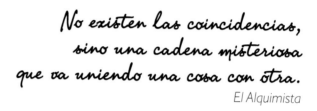

*No existen las coincidencias,
sino una cadena misteriosa
que va uniendo una cosa con otra.*

El Alquimista

El hombre y la naturaleza tienen los mismos caprichos.
Nosotros construimos puentes y ella se encarga de desviar
el curso de los ríos.

El Peregrino

*Yo quiero ser siempre una persona capaz de ver
los rostros que no se ven, los de quienes no buscan fama ni gloria
y cumplen en silencio con el papel que les ha asignado la vida.
Yo quiero ser capaz de eso, porque las cosas más importantes
de la existencia, las que nos construyen, nunca muestran su rostro.*

La vida es un juego fuerte y alucinante,
una montaña rusa.
La vida es lanzarse en paracaídas, es arriesgarse,
caer y volver a levantarse, es alpinismo,
es querer subir a lo alto de uno mismo
y sentirse angustiado e insatisfecho
cuando no se lo consigue.

Si confío en que Dios guía esa montaña rusa,
entonces no se trata de una pesadilla
sino de un juego excitante, pero seguro y confiable
que llegará hasta el final.
Mientras dure, yo miraré el paisaje a mi alrededor
y viviré con intensidad mis emociones.

Once minutos

Bibliografía

Las frases de este libro han sido extraídas de los siguientes títulos de Paulo Coelho:

- *O vencedor está só*, Editora Agir, Río de Janeiro, 2008
- *Estatutos para un nuevo tiempo*, V&R Editoras, Buenos Aires
- *Vida*, V&R Editoras, Buenos Aires
- *El Alquimista*
- *El Peregrino*
- *Brida*
- *A orillas del río Piedra me senté y lloré*
- *Maktub*
- *Manual del Guerrero de la Luz*
- *La Quinta Montaña*
- *Verónika decide morir*
- *Once minutos*
- *El demonio y la señorita Prym*
- *La bruja de Portobello*
- *El Zahir*

(Estos últimos doce libros han sido publicados por Editorial Planeta, Buenos Aires.)

También han sido reproducidas frases de Paulo Coelho de diversas fuentes: notas periodísticas y columnas en revistas y periódicos y en *El Guerrero de la Luz on line,* que el autor publica en su página web: **www.paulocoelho.com** Algunas de esas columnas han sido también recopiladas en el libro *Como el río que fluye* (Editorial Planeta, Buenos Aires, 2007).

Índice

¡Tu opinión es importante!
Escríbenos un e-mail a miopinion@libroregalo.com
con el título de este libro en el "Asunto".